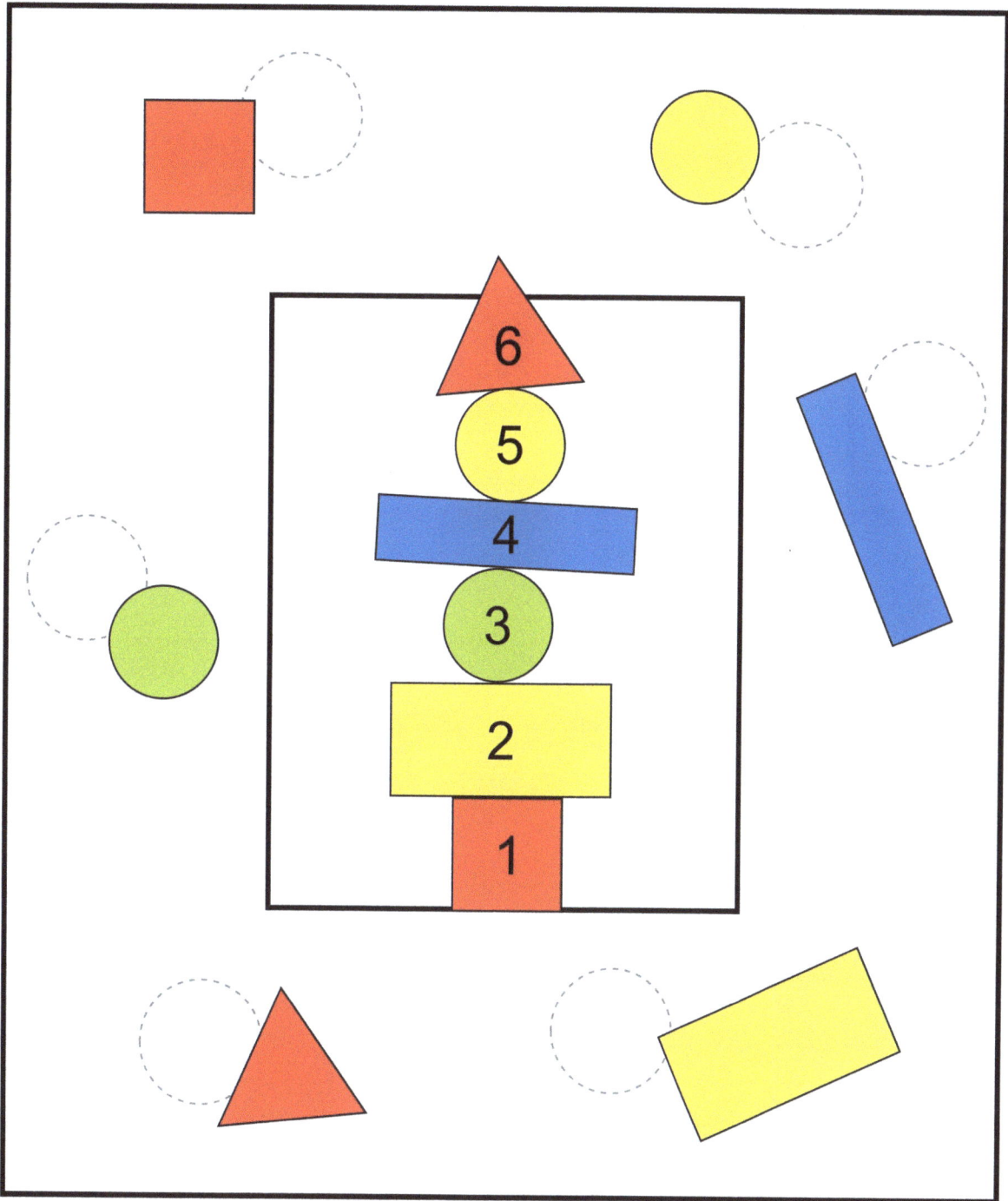

Trouve **LE BON** Ordre

Trace un trait, écris, ou utilise les nombres des dernières pages

Super-A veut se laver les mains. De quoi a-t-elle besoin ?
Dans quel ordre ? (Utilise les nombres découpés)

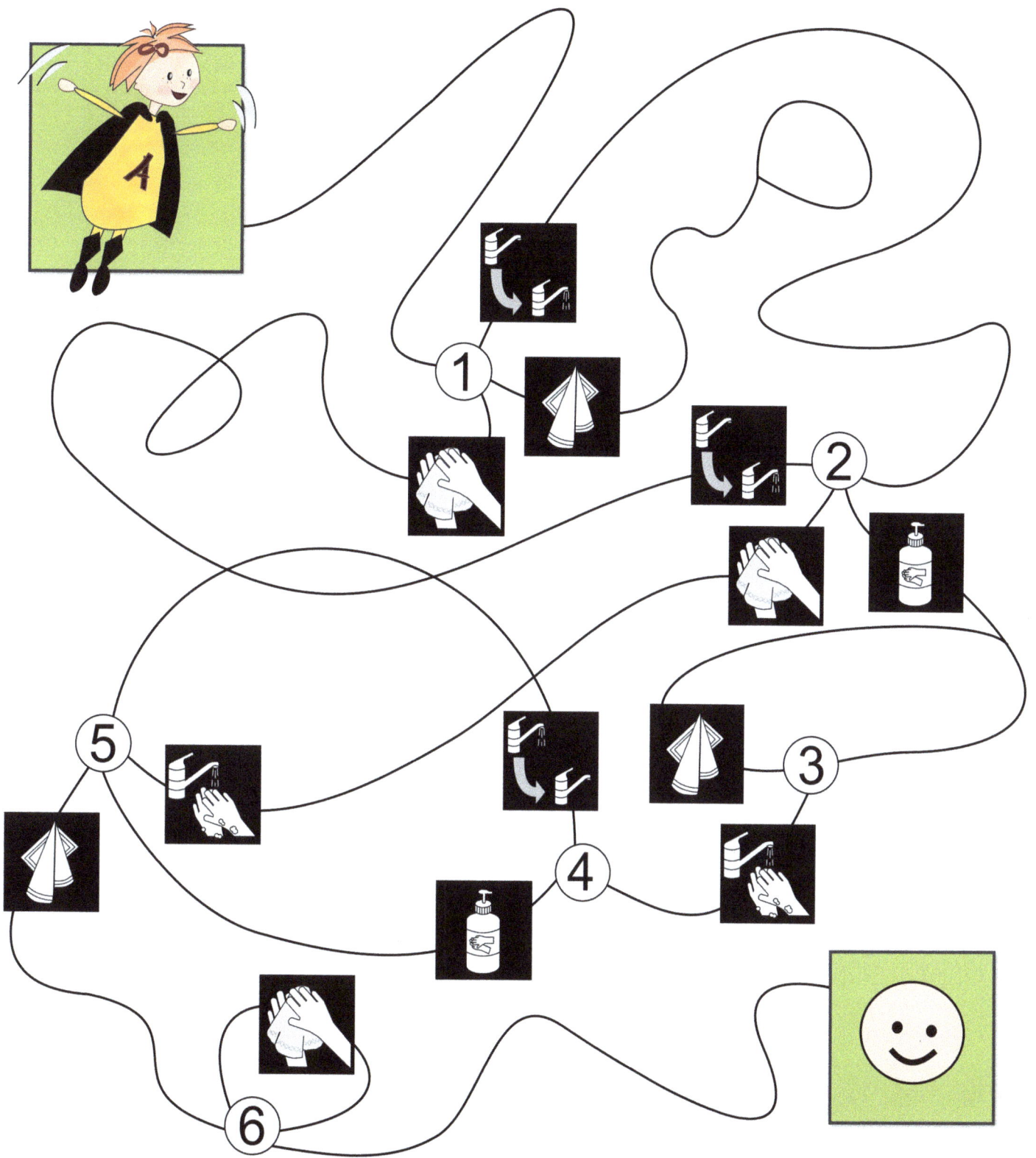

Aide Super-A à se laver les mains.
Trouve le bon ordre !

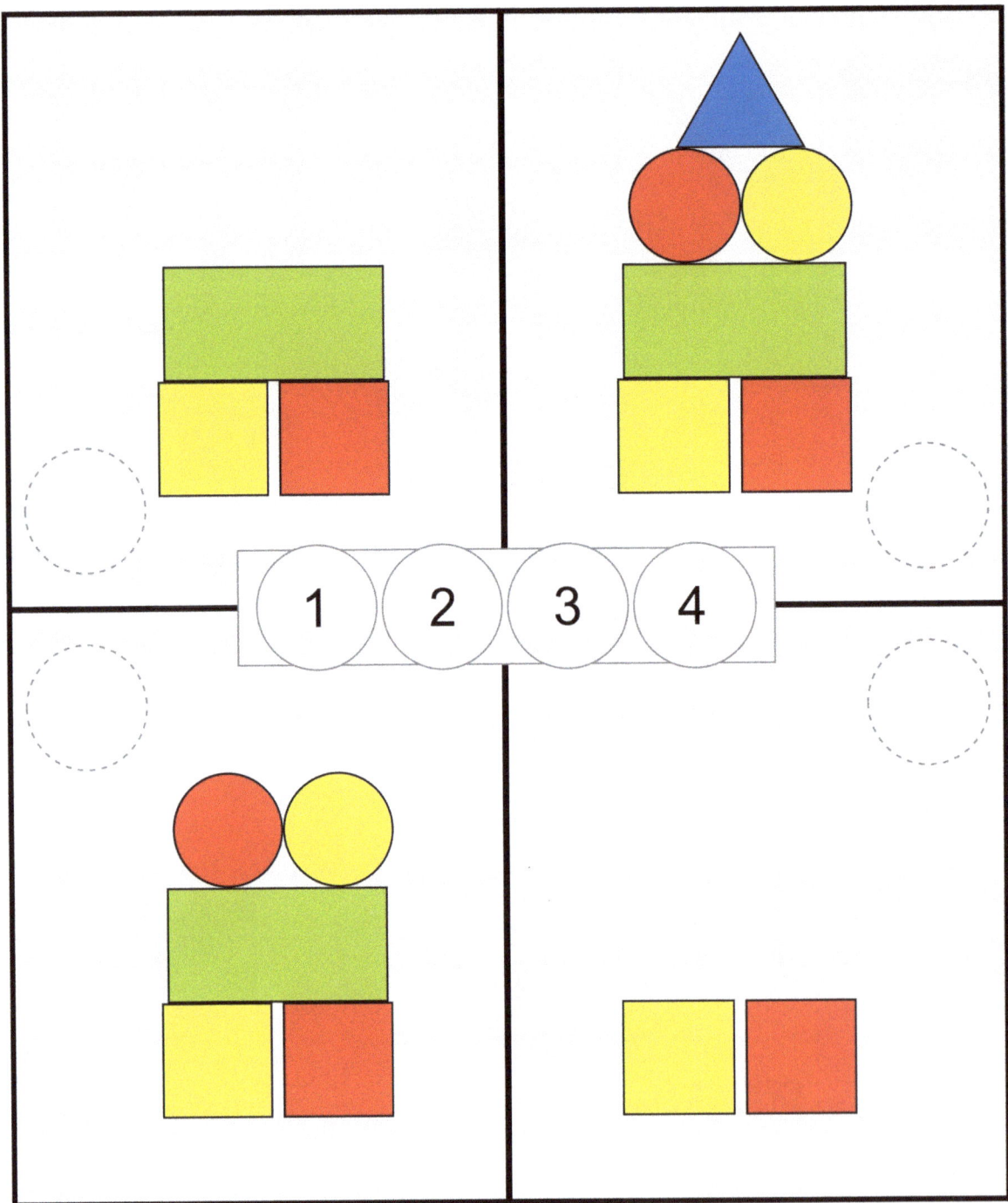

Trouve LE BON Ordre

Trace un trait, écris, ou utilise les nombres des dernières pages

Aide Adrien, Super-A et Mademoiselle Déclic.
Dans quel ordre vont-il se laver les mains ?

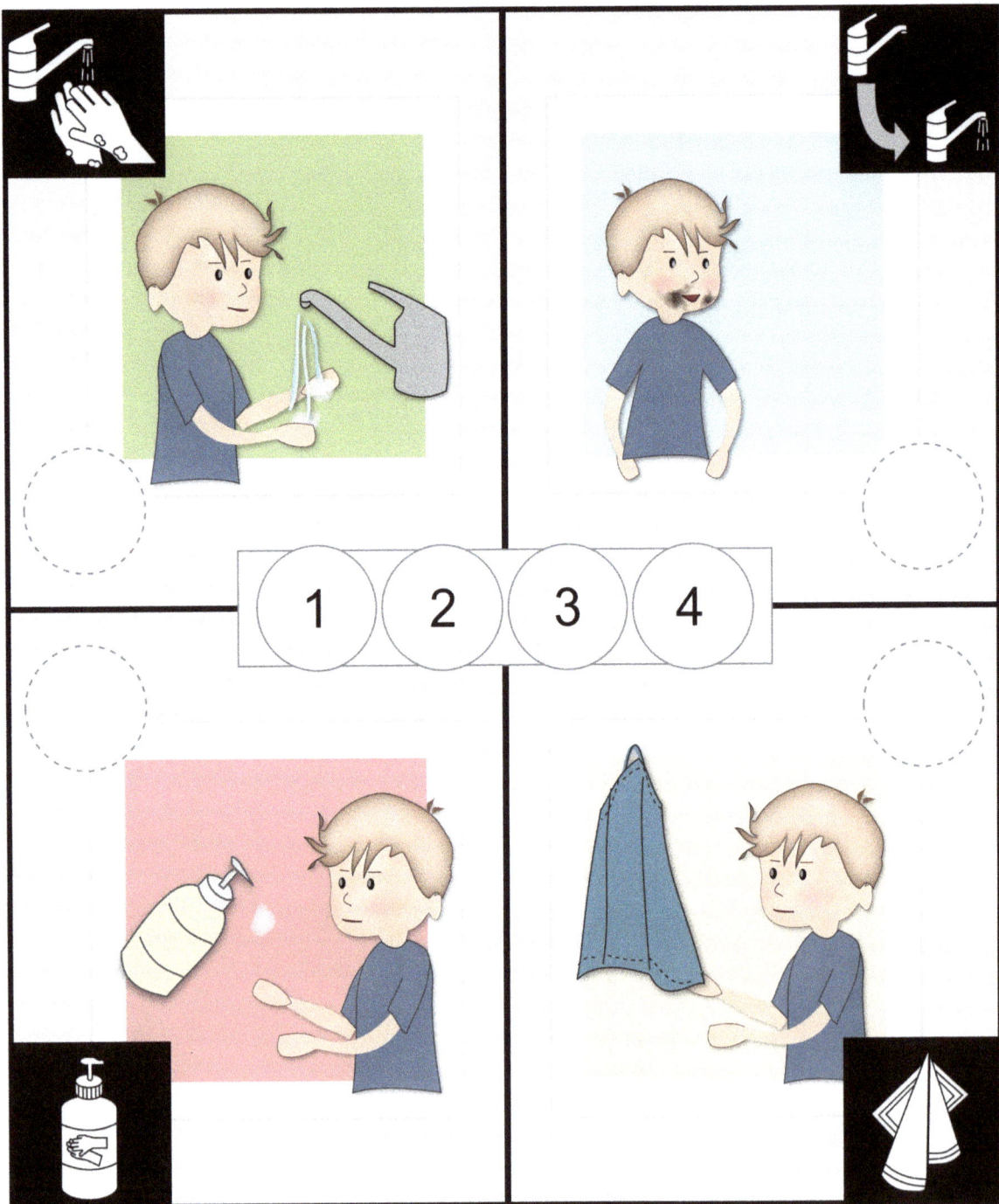

Après les biscuits, Adrien doit se laver les mains.
Aide-le à tout faire dans le bon ordre !

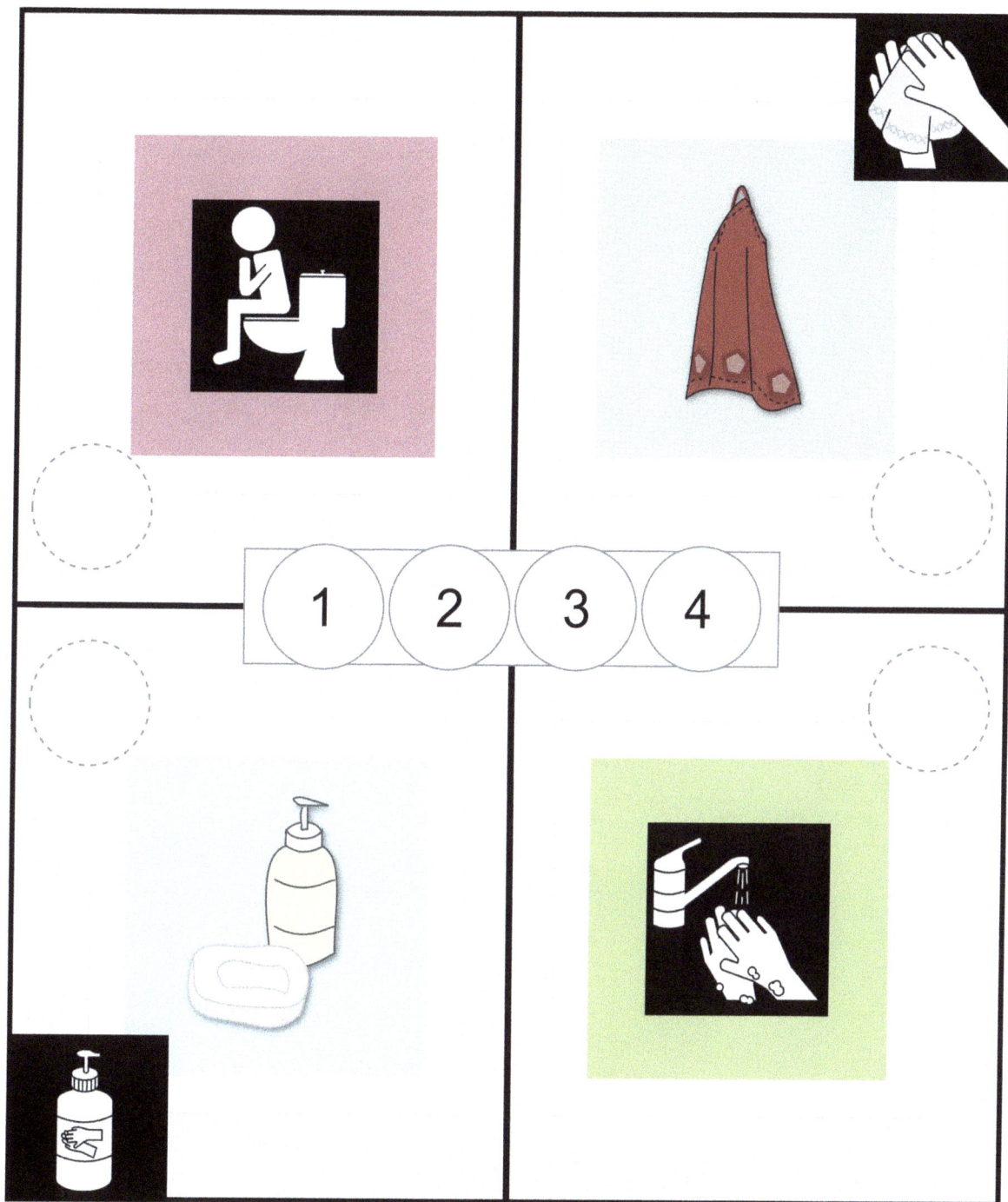

1 2 3 4

Tu vas aux toilettes. Comment te laves-tu les mains ?
Peux-tu tout faire dans le bon ordre ?

Qui A Besoin **DES 2** Briques Lego

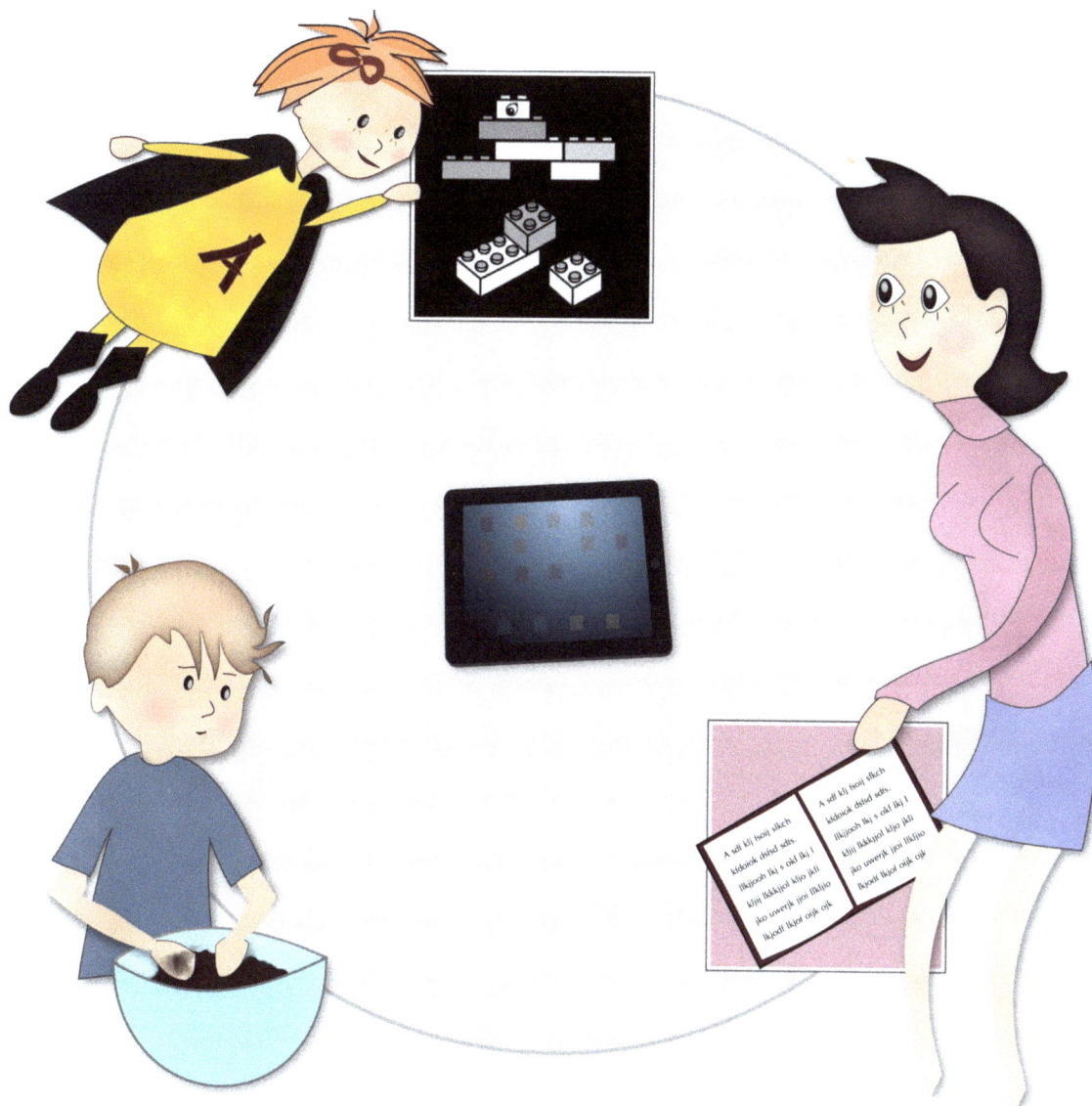

Super-A a joué avec des Lego… Adrien a cuisiné… Maman a lu un livre. Qui doit se laver les mains avant d'utiliser l'iPad ?

Après le bac à sable… les toilettes… et s'être gratté le nez…
qui doit se laver les mains avant de manger des biscuits ?

Le bébé s'est lavé, Adrien a pris un biscuit, Super-A a peint.
Qui doit se laver les mains avant d'aller au lit ?

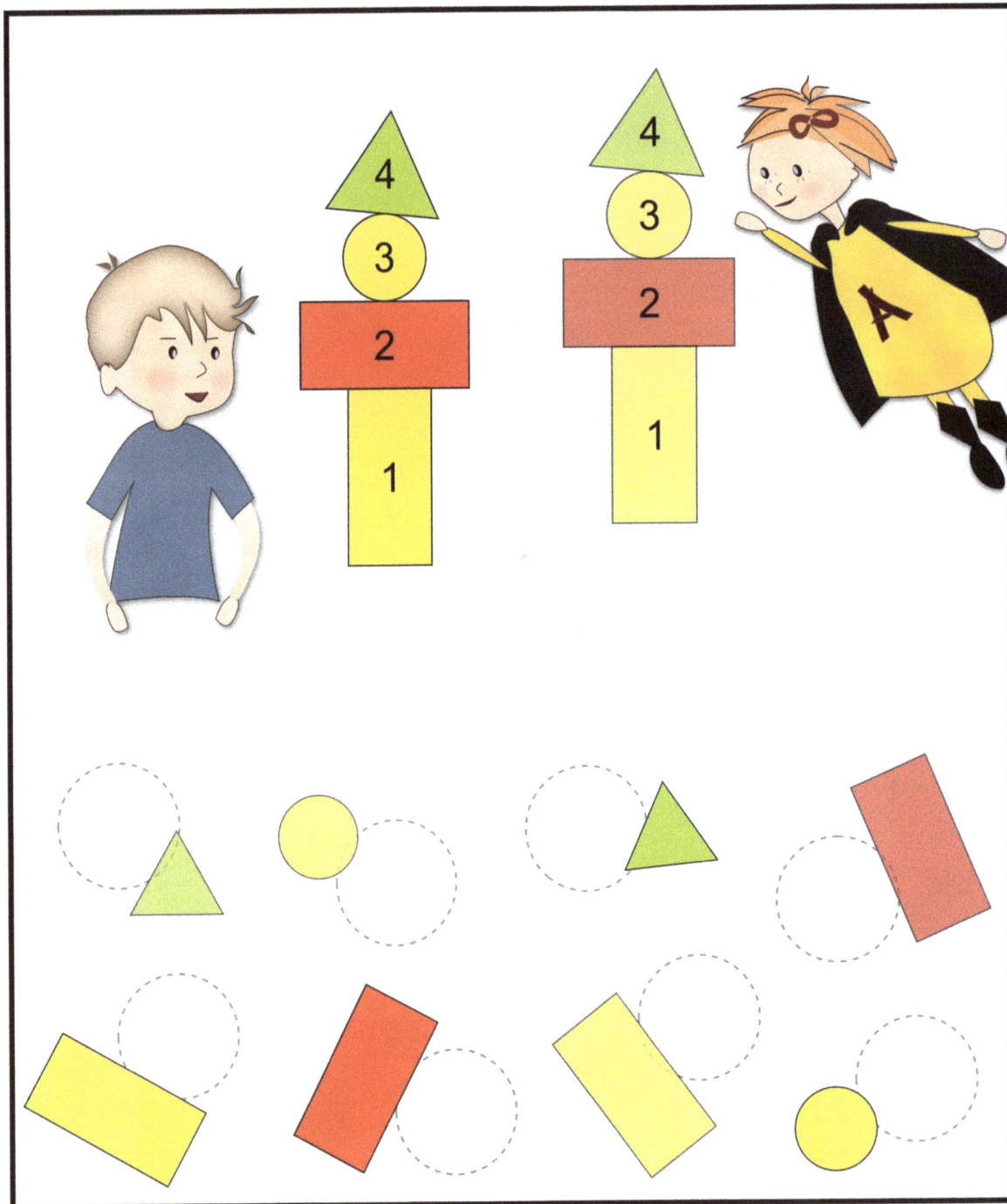

Remets **LES BLOCS** En Ordre

Tout le monde attend pour aller dehors. Trouve un chapeau pour chaque personne ! (Utilise les nombres)

Tout le monde attend que Papa apporte un jouet ou un livre. Trouve le bon jouet pour chaque personne !

Tout le monde attend quelque chose à boire.
Trouve une boisson pour chaque personne !

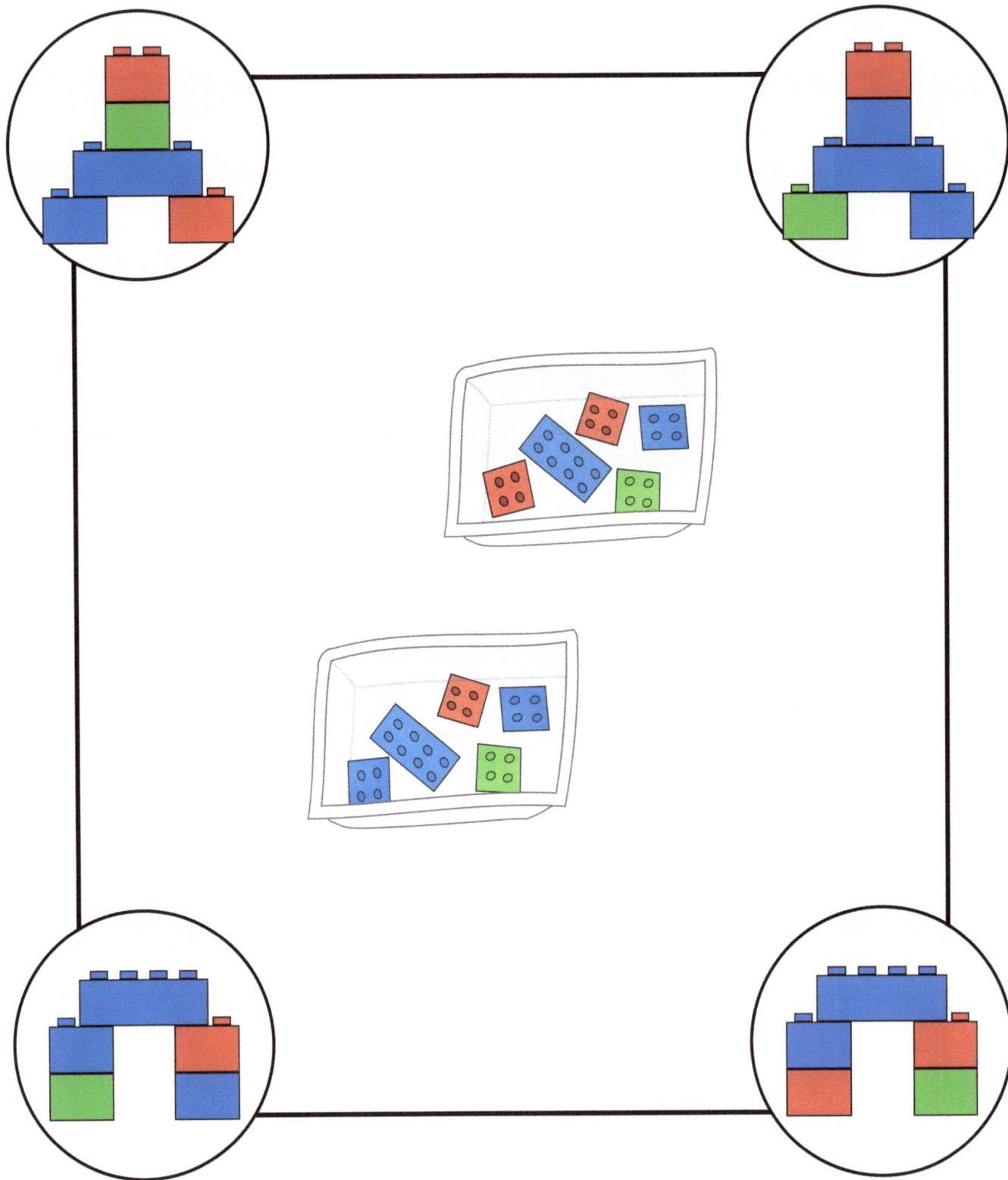

Quelle **BOÎTE POUR** Les Tours

Qui attend à table ? Adrien, Super-A, Maman, Petit Frère, Papa ?

Montre le smiley avec la Casquette de l'Attente ! Qui n'attend pas ?

Qui attend pour quitter la table ? Adrien… Super-A ?

Qui est toujours en train de manger et n'attend pas ?

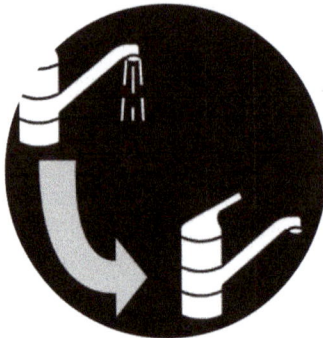

Découpez ! Placez les cercles sur
la page suivante avant de jouer !

Trop farfelu !

Pouce levé !

Mains toujours sales ou mouillées ? Qu'ont-ils oublié ?
Donnez à Papa, Adrien, Super-A et Mademoiselle Déclic un cercle
avec une serviette ou un savon !

(Jouez au jeu de mémoire et placez chaque nouvelle paire dans
les bons carrés ci-dessus et choisissez le bon cercle ci-dessous !)

Qui doit attendre avant de pouvoir... mettre la table... se laver les mains ? Placez une Casquette de l'Attente sur leurs têtes ! (Utilisez les grands cercles et les Casquettes de l'Attente)

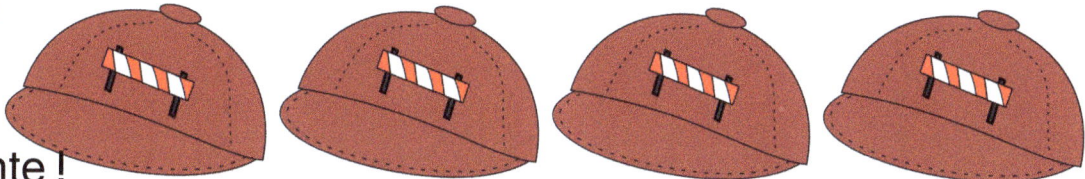

Instructions à la page suivante !

Instructions pour les images à découper de la page précédente : les cercles avec les numéros sont une alternative à l'écriture ou au traçage un trait. Ils peuvent être utilisés dans tous les exercices (avec des cercles en pointillé) qui classent des objets ou les rangent par deux. Pour les grands cercles et les Casquettes de l'Attente, voir les instructions du dernier exercice du cahier d'exercices (et le point 2 ci-dessous).

Vous voulez encore vous entraîner avec votre enfant ?

1) Où devons-nous attendre ? Découpez les Casquettes de l'Attente de la page suivante. Laissez votre enfant arranger les cartes dans des endroits (photos ou dans la vie réelle) dans lesquels nous devons attendre : à table, à la garderie, dans la file d'attente au magasin ou à la cafétéria, en classe lorsqu'on attend pour parler ou qu'on a besoin d'aide, lorsqu'on attend son tour pour jouer à un jeu ou dans la file pour se laver les mains... Qui doit attendre ? Pour quelles raisons ?

2) Votre enfant sait-il quand les membres de sa famille doivent attendre ? Attendent-ils pour les mêmes choses ? Dessinez des situations (ou utilisez les photos) pour le dernier exercice du cahier d'exercices. Placez les Casquettes de l'Attente sur les membres de la famille au lieu des personnages du livre.

| Ouvrir le robinet | Prendre du savon | Se laver (avec du savon) | Fermer le robinet | Prendre la serviette | Se sécher |

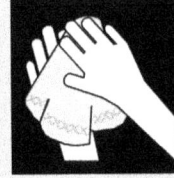

LES PETITS FUTÉS Se laver et attendre avec Adrien et Super-A :
Leçons de vie pour enfants avec autisme ou TDAH
LES PETITS FUTÉS 2 © Jessica Jensen et Be My Rails Publishing 2015
Traduction en français : Thomas Mahieu
Pictogrammes : www.sclera.be
ISBN 978-91-982414-7-1
Be My Rails Publishing
www.BeMyRails.com

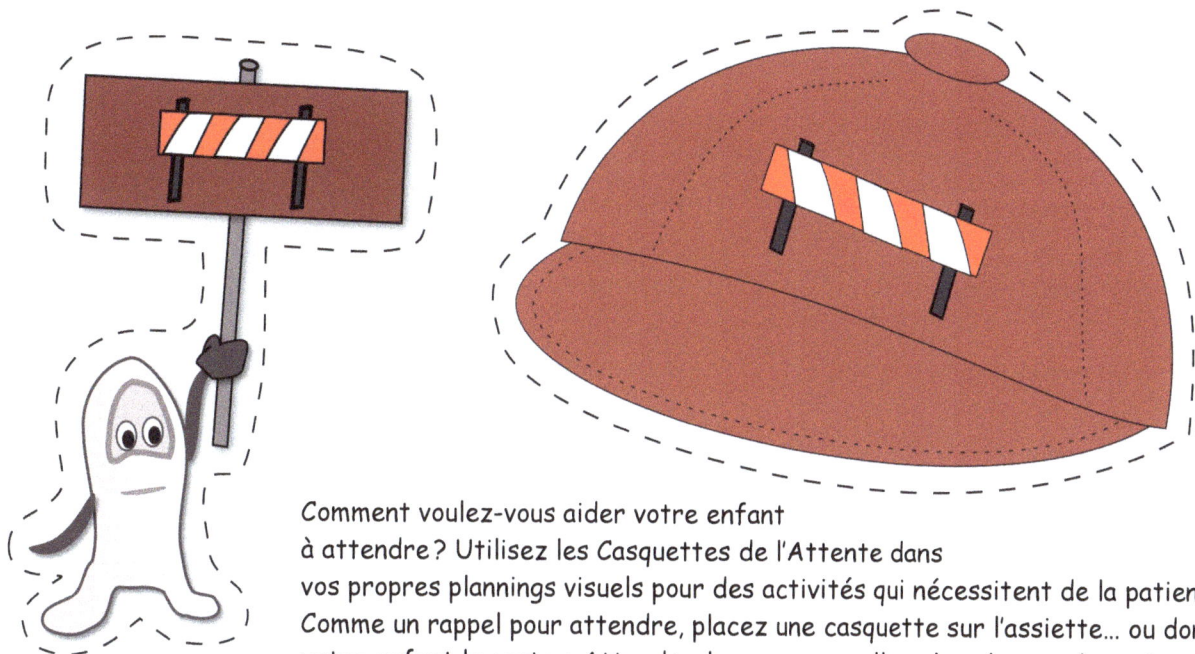

Comment voulez-vous aider votre enfant
à attendre? Utilisez les Casquettes de l'Attente dans
vos propres plannings visuels pour des activités qui nécessitent de la patience...
Comme un rappel pour attendre, placez une casquette sur l'assiette... ou donnez à
votre enfant la carte « Attends » lorsque vous allez chercher quelque chose.

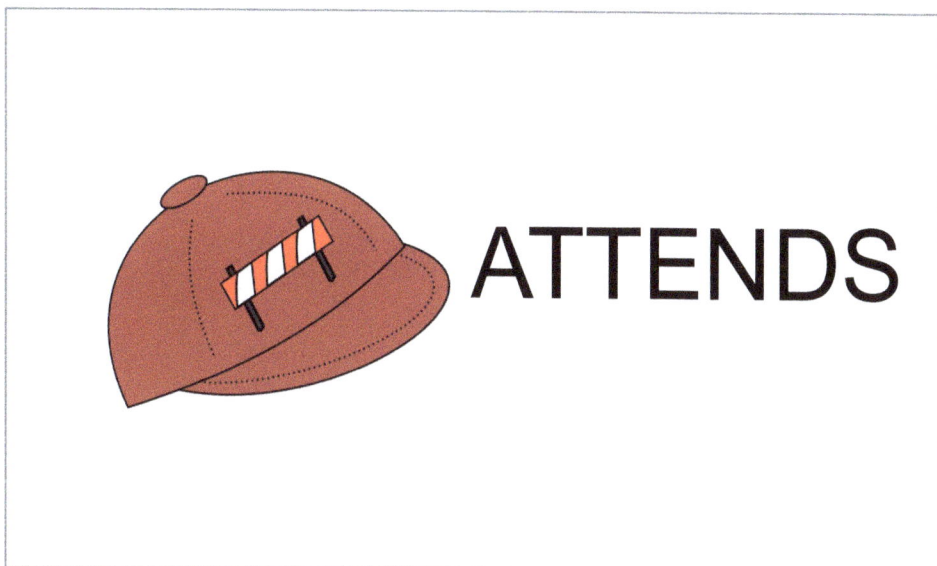

ATTENDS